VENTE AUX ENCHÈRES PUBLIQUES

En vertu d'ordonnance
HOTEL DROUOT, SALLE N° 2
Les Lundi 17, Mardi 18, Mercredi 19, Jeudi 20, Vendredi 21
et Samedi 22 Avril 1882, à deux heures

TABLEAUX ANCIENS

OBJETS D'ART ET DE CURIOSITÉ

BIJOUX, ARGENTERIE, GARDE-ROBE

BEAUX MEUBLES EN BOIS SCULPTÉ

Tentures, Étoffes brodées

APPARTENANT

à Madame Veuve HONORÉ DE BALZAC

ET DÉPENDANT DE LA SUCCESSION DE M. LE COMTE DE MNISZECH

EXPOSITION PUBLIQUE

Le Dimanche 16 Avril 1882, de 1 heure 1/2 à 5 heures.

COMMISSAIRES-PRISEURS :

| M° COUTURIER | M° BELLIOT |
| rue Drouot, n° 25 | boulevard Voltaire, n° 48 |

EXPERT :

M. A. BLOCHE, rue Laffitte, n° 44

PARIS — 1882

CATALOGUE
DES
TABLEAUX ANCIENS
DESSINS, PASTELS, AQUARELLES, GRAVURES
OBJETS D'ART ET DE CURIOSITÉ
BRONZES, PORCELAINES, ÉMAUX CLOISONNÉS
Beau Christ en ivoire
BIJOUX, DIAMANTS, ARGENTERIE
Médailles, Monnaies, Objets de vitrine
BEAUX MEUBLES EN BOIS SCULPTÉ
MEUBLES ANCIENS ET MODERNES
Tentures, Étoffes brodées
NOMBREUSE GARDE-ROBE, DENTELLES
APPARTENANT
à Madame Veuve HONORÉ DE BALZAC
ET DÉPENDANT DE LA SUCCESSION DE M. LE COMTE DE MNISZECH
DONT LA VENTE AURA LIEU
En vertu d'ordonnance

HOTEL DROUOT, SALLE N° 2
Les Lundi 17, Mardi 18, Mercredi 19, Jeudi 20, Vendredi 21
et Samedi 22 Avril 1882, à deux heures.

COMMISSAIRES-PRISEURS :

M° COUTURIER	M° BELLIOT
rue Drouot, n° 25	boulevard Voltaire, n° 48

EXPERT :

M. A. BLOCHE, rue Lafitte, n° 44

EXPOSITION PUBLIQUE
Le Dimanche 16 Avril 1882, de 1 heure 1/2 à 5 heures.

PARIS — 1882

ORDRE DES VACATIONS

Lundi 17 Avril
Tableaux, Dessins, Aquarelles.

Mardi 18 et Mercredi 19 Avril
Objets d'art et de curiosité, Médailles, Bijoux, Argenterie.

Jeudi 20 Avril
Suite des Bijoux, de l'Argenterie et des Médailles.

Vendredi 21 et Samedi 22 Avril
Meubles, Étoffes, Garde-Robe, Objets divers.

CONDITIONS DE LA VENTE

Elle sera faite expressément au comptant.

Les Adjudicataires paieront CINQ CENTIMES PAR FRANC, en sus des adjudications, applicables aux frais.

Aucune réclamation ne sera admise, une fois l'adjudication prononcée.

NOTA. — Les Livres composant la Bibliothèque de M. Honoré de BALZAC, seront vendus à l'hôtel Drouot, salle n° 6, les Mardi 25 et Mercredi 26 Avril 1882, après Exposition publique le Lundi 24 Avril.

DÉSIGNATION

TABLEAUX

L'ALBANE (École de)

1 — Enlèvement d'Europe.

ALLORI

2 — L'Enfant Jésus entouré de la sainte Famille implantant la Foi sur une mappemonde.

ALLORI (Christophe), dit BRONZINO

3 — Portrait d'un chevalier de Malte.

BAPTISTE

4-5 — Vases de fleurs.

Deux pendants.

BERTIN

6 — Paysage.

BOUCHER

7 — Amour dans les airs.

Dessin à la sanguine.

BORDONE

8 — Portrait de jeune femme habillée d'une robe noire, avec chemisette brodée et décolletée, parée de joyaux, coiffée en or et en jais.

BOULANGER (Élise)

9 — La Leçon de lecture.

Dessin en couleur.

BREUGHEL

10 — Le Déjeuner champêtre.

BREUGHEL

11 — Paysage montagneux, animé de chariots et de figures.

CHAMPAGNE (Attribué à Philippe de)

12 — Portrait d'un capitaine.

Esquisse.

CHAMPAGNE (Attribué à Philippe de)

13 — Portrait d'un capitán.

Esquisse.

CHARDIN

14 — Table couverte de raisins, de fleurs, de citrons, verre et coquillages.

CHARDIN

15 — Table couverte de plats, avec homard, citron, coquillages et autres fruits, de gobelets et de verres.

CLOUET (École de)

16-17 — Portraits d'homme et de femme.

Deux pendants.

COLLMANN

18 — Miniature. Bord de rivière avec nombreuses figures.

COYPEL (Attribué à)

19 — Le Jour et la Nuit.

FRAGONARD (Genre de)

20 — Vue de la villa Adriano, près de Rivoli.

Dessin.

FRANCK

21 — Scène allégorique à la naissance de Louis XIV.

FRANCK

22 — Saint Jean et l'Amour indiquant à l'Enfant Jésus la vallée de Josaphat.

GIGOUX (Jean)

23 — Portrait d'enfant.

GUARDI (Attribué à)

24-25 — Vues de Venise.

Deux pendants.

GUERCHIN

26 — Vierge et Enfant Jésus.

Provient de la vente Lethierre.

HALS (Genre de Franz)

27 — Tête de femme (Vue de profil).

HOLBEIN (Attribué à)

28 — Portrait de femme, vue de trois quarts, représentée les mains jointes tenant une fleur, habillée d'une robe noire à transparents rouges, avec chemisette et coiffe blanches.

Daté de 1543. A droite on lit : *Ætatis suæ 19*.

Provient des Collections Camille Marcille et Yvan Fourgueriefl.

HUET

29 — Groupe de cavaliers et de femmes à l'entrée d'un village.

JACQUAND (Claudius)

30 — La Lecture de la Bible.
Daté de 1848.

JEAURAT

31 — Tête de femme, représentée de trois quarts les yeux levés vers le ciel, la gorge nue.

JORDAENS (Attribué à)

32 — Le Jugement de Pâris.

MACHARD

33 — Vénus décochant un trait.

MIREVELT

34 — Portrait de jeune femme de qualité, représentée de trois quarts, habillée d'une robe noire brochée, avec coiffe brodée et collerette ruchée blanche.
Porte à gauche : Ætatis 31, année 1635.

MORONÉ (Attribué à)

35 — Portrait d'une Patricienne.

NETSCHER (Attribué à)

36-37 — Deux Portraits (Homme et Femme).

PALMÉRUS

38-39 — Chevaux de trait dételés. — Chevaux à l'abreuvoir.

Deux dessins faisant pendants.

PANGELLES

40 — Scène d'intérieur.

PALAMÈDE

41 — Le beau Parleur.

Scène d'intérieur. Composition de onze figures.

PALAMÈDE

42 — La Partie de tric-trac.

Scène d'intérieur. Composition de sept figures.

PILLEMENT

44 — Paysage arrosé par un cours d'eau.

Dessin rehaussé de couleurs.

PRUD'HON

45 — Soldat romain embrassant sa compagne, avant de prendre les armes.

PRUD'HON (École de)

46 — Léda.

REMBRANDT (Genre de)

47 — Tête de Turc.

REMBRANDT (Attribué à)

48 — Portrait d'un pope.

HUBERT-ROBERT (Genre de)

49 — Ruines et Paysages animés de figures.

Gouache.

TASSART

50 — Quatre Femmes réunies.

Étude.

ROSE DE TIVOLI (D'après)

51 — Scènes champêtres.

Deux médaillons ovales vernis pour meubles.

WYNANTS (Genre de)

52 — Paysage animé de figures.

ZAMPIERI (Dominique), dit le DOMINIQUIN

53 — La Communion.
Composition importante.

ÉCOLE ALLEMANDE DU XVIᵉ SIÈCLE

54 — Portrait de grande dame, représentée de trois quarts, en riche costume rou à casaque grise, garni de fourrure, coiffée d'une résille et d'un voile de tulle.

ÉCOLE ALLEMANDE

55 — Combat de chevaliers en armures, sur cuivre, offrant au revers un sujet allégorique et bouffon avec inscription gravée.

ÉCOLE ALLEMANDE

56 — Portrait d'homme.

ÉCOLE ESPAGNOLE

57 — Portrait d'homme à collerette.
Pastel.

ÉCOLE FRANÇAISE

58 — Portrait d'homme tenant un livre.

ÉCOLE FRANÇAISE

59 — Intérieur d'église, famille en prière.

ÉCOLE FRANÇAISE

60 — Jeune Femme en chinoise.
61 — Dauphin.

ÉCOLE FRANÇAISE

62 — Le Pêcheur à la ligne.

ÉCOLE FRANÇAISE

63-64 — Scènes galantes.
    Deux aquarelles.
                                              Pendants.

ÉCOLE FRANÇAISE

65-66 — Deux Esquisses. Sujets mythologiques.

ÉCOLE FRANÇAISE

67 — Amour dans les airs.
                                      Esquisse.

ÉCOLE FRANÇAISE

68 — Portrait de jeune femme du temps de Louis XVI.
                                  Grisaille au pastel.

ÉCOLE FLAMANDE

69 — Scène de sorcellerie.

ÉCOLE FLAMANDE

70 — Paysage animé de figures.

ÉCOLE ITALIENNE

71 — Paysage avec figure de saint en prière.

ÉCOLE ITALIENNE

72 — La sainte Famille.

ÉCOLE ITALIENNE

73 — Une Apparition dans les jardins de Diane. Sujet allégorique.

ÉCOLE ITALIENNE

74 — La Vierge, l'Enfant et saint Jean.

Médaillon rond.

ÉCOLE ITALIENNE

75 — Miniature. Vierge, Enfant et saint Jean.
76 — Sainte Vierge et Enfant.

ÉCOLE MODERNE

77 — Fleurs dans un mouchoir.
78 — Jeune Femme étendue.
79 — Vue d'Orient.
80 — Jeune Femme coiffée d'une mantille.

Fusain.

ÉCOLE MODERNE

81 — Paysage avec vue de chaumière.

ÉCOLE MODERNE

82 — Scène d'intérieur.

          Aquarelle.

ÉCOLE MODERNE

83 — Cinq Aquarelles. Vues d'Italie.

ÉCOLE MODERNE

84 — Rochers au bord de la mer.

ÉCOLE MODERNE

85 — Portrait d'un dignitaire anglais.

ÉCOLE MODERNE

86 — Pleine mer (Effet de nuit).

ÉCOLE DU MOYEN AGE

87 — Vieillard passant une bague au petit doigt d'une jeune fille.

ÉCOLE MILANAISE

88 — Clélie et Porsena.

ÉCOLE PERSANE

89-90 — Deux hauts Dignitaires.

Deux pendants.

ÉCOLE VÉNITIENNE

91 — Portrait d'un gentilhomme, daté de 1608, représenté à l'âge de 22 ans.

ÉCOLE VÉNITIENNE

92-93 — Portrait d'un roi et d'une reine.

Deux pendants.

ÉCOLE VÉNITIENNE

94 — Portrait d'une grande dame caressant un petit chien.

MEUBLES

95 — Beaux Bahuts et Meubles à deux corps en bois sculpté, belle Cheminée sculptée, Vitrine, Cabinets, Étagères en laque du Japon, Meubles de fantaisie et de style, Autel portatif Louis XIII, Tables anciennes, Ecrans garnis de soieries, Bibliothèques en marqueterie de cuivre, Bureau Louis XIV, Glaces, Trumeaux.

BRONZES D'AMEUBLEMENT

96 — Pendules, Lustres, Appliques, Tentures en cuir de Cordoue.

PORCELAINES

97 — Pièces de formes en porcelaines de la Chine et du Japon.
98 — Porcelaines de Saxe, d'Allemagne et de Sèvres.

OBJETS DE CURIOSITÉ

99 — Beau Christ en ivoire de grande dimension, Emaux cloisonnés, Laques, Bois sculptés, Coffrets.

BIJOUX, DIAMANTS, ARGENTERIE

100 — Remarquable Réunion de **MÉDAILLES** et **MONNAIES** en or et en argent.

NOMBREUSE GARDE-ROBE, DENTELLES

Ve Renou, Maulde et Cock, impr° de la Compagnie des Commissaires-Priseurs, rue de Rivoli 144. 27430

Vᵉ RENOU, MAULDE et COCK
IMPRIMEURS DE LA COMPAGNIE DES COMMISSAIRES-PRISEURS
Rue de Rivoli, 144

www.ingramcontent.com/pod-product-compliance
Lightning Source LLC
Chambersburg PA
CBHW050041230526
45470CB00003B/1383